Le Jouet d'Adèle

Dorothée Piatek – Magali Fournier

vilo
Jeunesse

Toutes les nuits, de 20 heures à 6 heures du matin, Monsieur Hylte travaillait **au service des enfants sages**. Son métier, qui était aussi sa passion, consistait à réparer les jouets abîmés.

Son premier assistant était l'Escassort. Rond et doux comme un escargot mais cent fois plus grand, cet étrange personnage commençait toutes ses phrases par le mot « **Qé** ». Sa mission était de tirer au sort les enfants qui auraient la chance de rencontrer Monsieur Hylte.

Il y avait aussi **quatre jolies petites Poupettes**, chargées, quand elles ne se chamaillaient pas, de surveiller la porte d'entrée de l'atelier.

Tout ce petit monde s'entendait à merveille et formait **la plus efficace équipe de réparateurs** de jouets.

MR HYLTE
REPARATEUR
DE JOUETS

Ce soir-là, **comme tous les soirs**, chacun était à son poste. L'Escassort accomplit son rituel de sélection et fit son annonce.

« Qé une fillette ! cria-t-il, une fillette et son doudou Raymond !

— Une fillette, chouette ! » chantèrent en cœur les quatre Poupettes.

Aussitôt Monsieur Hylte fit pivoter **sa grosse loupe** sur la coquille de son assistant.

« Comme elle a l'air merveilleuse ! s'exclama-t-il.

— Merveilleuse, merveilleuse, c'est nous les merveilleuses ! »
répliquèrent les Poupettes.

Puis l'Escassort murmura :
« Qé Adèle… Adèle, voilà son prénom…

— Nous, c'est Poupette, Poupette, Poupette et Poupette ! »
enchaînèrent les pipelettes.

Pour tout vous dire, Adèle avait un « Raymond », enfin, **un doudou** *si vous préférez, auquel elle était très attachée. Mais les années passant, ses câlins avaient fini par l'user plus que de raison, si bien que Raymond ne ressemblait plus à rien.*

Comme les autres enfants avant elle, c'est au moment du coucher qu'elle reçut son invitation.

Alors qu'elle serrait très fort Raymond dans ses bras, elle entendit le doux chant de l'Escassort...

« Aujourd'hui c'est ton tour,
je t'ai choisi tu vas rêver.
Tu as été sage, tu n'as pas réclamé,
je t'emmène au pays des jouets.
Mon amie soit la bienvenue
dans mon monde enchanté ! »

Lorsqu'Adèle rouvrit les yeux, **émerveillée**, elle découvrit devant elle une vitrine animée de jouets mécaniques, décorée de poupées, de balles, de petits trains, de voitures, de peluches...

« Bienvenue dans mon modeste atelier », déclara Monsieur Hylte qui l'attendait sur le seuil.

Mais les Poupettes jacassèrent aussitôt :
« Bonjour la belle ! Oh, comme elle est jolie ! Vous en avez de la chance Monsieur Hylte ! Tu me dis bonjour ? Non, à moi d'abord ! Non, à moi !

– Taisez-vous mesdemoiselles ! dit Monsieur Hylte d'un ton sévère. *Vous n'allez pas commencer... Adèle, je te présente les Poupettes et Monsieur l'Escassort.*

– Bonjour la belle. Oh, comme elle est jolie ! Tu nous dis bonjour ? Non, à moi d'abord ! Non, à moi !

– Silence ! cria Monsieur Hylte, *ou je vous range dans le tiroir.*

– Pas le tiroir, non pas tiroir ! », supplièrent les Poupettes.

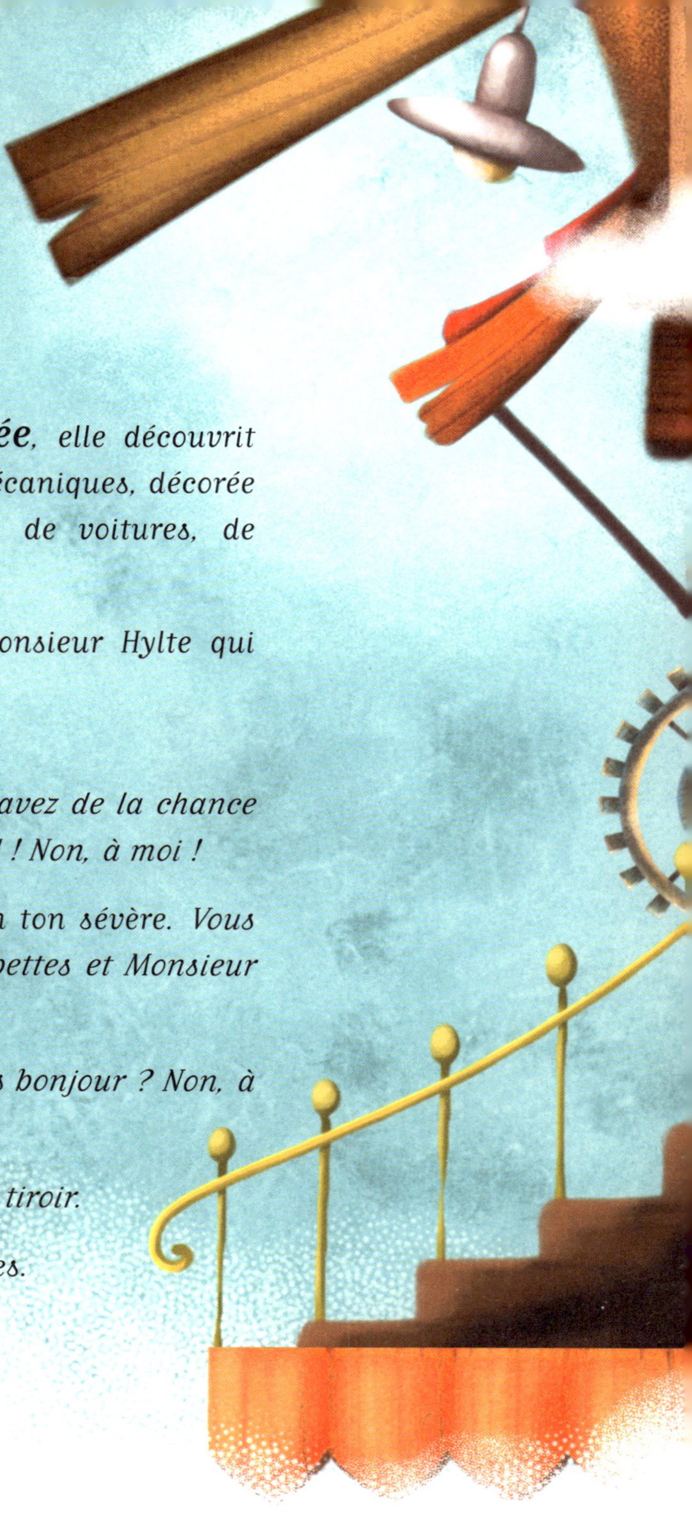

MR HYLTE

Monsieur Hylte posa le faible Raymond sur son établi et **commença son inspection**. Il lui palpa le ventre, tâta son dos, leva ses bras et contrôla ses pieds. Il se gratta la tête, puis déclara :

« Raymond souffre de la maladie d'amour.*

– Adèle, ne perdons pas de temps, à 6 heures, il te faudra être rentrée.

– Aïe, Aïe, Aïe ! Vous n'y arriverez jamais, hurlèrent en chœur les Poupettes.

– Voulez-vous cesser vos enfantillages Mesdemoiselles ! »

* **Maladie d'amour :** syndrome très répandu chez les doudous, câlinous, et autres compagnons qui s'usent prématurément quand on les aime trop fort.

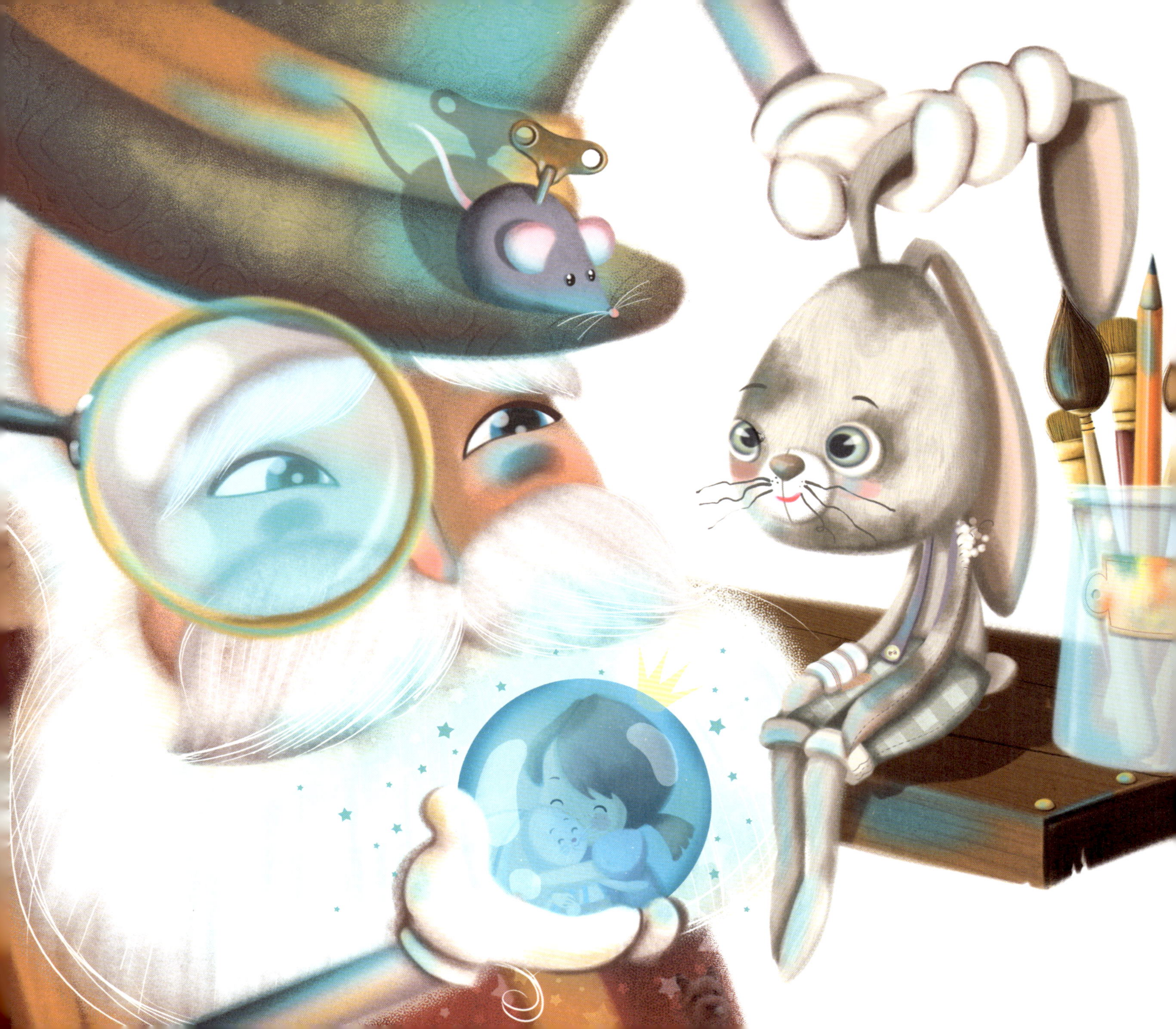

Monsieur Hylte sortit de sous son comptoir une caisse garnie de fils, d'aiguilles, de ciseaux, de rubans **et mille autres secrets**.

Il préleva un échantillon de plumes dans le ventre de Raymond et vit qu'elles étaient **ratatinées, recroquevillées, rabougries** et qu'elles avaient l'aspect des moutons de poussière que l'on trouve sous les lits.

« Mon cher Escassort, faites venir Sacaplum' d'urgence », commanda le réparateur.

Presque aussitôt les Poupettes tintinnabulèrent à l'ouverture de la porte en laissant entrer **une très jolie oie blanche**.

« "Coin" ! C'est moi que vous avez fait demander Monsieur Hylte ?
– Bonsoir, Sacaplum', vous êtes ravissante ce soir.
– Ravissante ! Ravissante ! C'est nous les ravissantes », répliquèrent les Poupettes.

Monsieur Hylte s'approcha de Sacaplum' :
« J'ai besoin de vos services ma chère, pour cette fillette et pour l'amour des doudous.

– "Coin", avec plaisir Monsieur Hylte. Cette petite est si "Coin" ! »

Sous le regard ébloui d'Adèle, l'oie se mit à se **dandiner du popotin avec énergie***. Aussitôt une neige de fines plumes tourbillonna dans le petit atelier.*

D'un souffle léger*, l'Escassort les rassembla sur son comptoir.*

« Comment vous remercier ? », demanda Adèle émerveillée.

Monsieur Hylte déposa alors dans la main d'Adèle **une poignée de grains de maïs** que Sacaplum' picora avec plaisir avant de repartir en chantonnant des « Coin Coin ».

« Maintenant, au travail ! dirent les Poupettes. Vous allez être en retard, rho lala, oui, ils vont être en retard... »

Jusqu'à minuit Monsieur Hylte traça sur une grande feuille de papier les contours des parties qu'il devait remplacer sur Raymond.

« Ceci s'appelle un patron », expliqua-t-il à Adèle.

Puis il découpa son patron et épingla les morceaux de papier sur **un joli morceau de mohair**.

« C'est dans cette étoffe que je vais tailler les nouvelles oreilles et les nouveaux pieds de Raymond. Pour son nez, choisis celui qui te plaît parmi ceux-là ! », lui dit-il en lui présentant un carton rempli de truffes de toute sorte.

Adèle acquiesça sagement.

Monsieur Hylte tourna la manivelle d'une petite boîte et aussitôt bondit **une souriante assistante**.

« Adèle, je te présente Serpette, dit Monsieur Hylte. *Je l'ai embauchée après que son maître l'a abandonnée dans une poubelle de salle de bains. Serpette, passez-moi une aiguille à gros chas s'il vous plaît. »*

Aussitôt, la **dynamique assistante** s'exécuta.

« J'ai besoin de deux épingles supplémentaires. »

Serpette se gratta la tête : « aiguille, épingle, épingle, aiguille », marmonna-t-elle en gesticulant dans tous les sens.

« C'est bien ça. Merci beaucoup », déclara Monsieur Hylte.

Adèle souffla **un doux « Bonne nuit »** à Serpette avant de refermer le couvercle de sa boîte.

Adèle tria les plumes de Sacaplum' et Monsieur Hylte s'appliqua au travail de **rembourrage et de couture**. Il colla aussi une nouvelle truffe à Raymond, et redonna de l'éclat à ses yeux.

Il était près de **5 heures du matin** quand Raymond s'étira entre les mains de Monsieur Hylte.
« *Comme il est charmant... Il est pour moi, non pour moi, pour moi !* », piaillèrent les Poupettes.

Raymond, heureux d'avoir **rajeuni**, se mit à sautiller sur le comptoir de l'atelier. C'est alors que de sa boîte jaillit de nouveau Serpette qui était ravie d'avoir l'occasion de faire un peu la fête. Raymond, la voyant ainsi gigoter, comprit aussitôt **qu'il était de nouveau séduisant**.

« Regagnez les bras de votre petite maîtresse, lui dit le réparateur. Il est l'heure de rentrer ».

Mais les yeux de Raymond ne pouvaient quitter le corps animé de Serpette.

Alors, dans les bras d'Adèle, Monsieur Hylte déposa Raymond. Et dans les bras de ce dernier **il déposa Serpette**.

Adèle déposa ***un baiser sur la joue*** *du réparateur de jouets, souffla un secret dans la coquille de l'Escassort et fit tintinnabuler les Poupettes.*

Le carillon du petit atelier sonna ***6 heures****.*

L'Escassort s'endormit en chantonnant :

« Au pays des jouets,
tous les enfants sont bienvenus.
Jouets cassés, jouets brisés,
n'y sont jamais perdus !
Quand arrive l'heure de rentrer,
pas besoin de pleurnicher,
taper des pieds, tambouriner,
je vous conseille plutôt de chanter :
Merci les Poupettes vous êtes très chouettes !
Madame l'oie je ne vous oublierai pas !
L'Escassort je t'adore !
Et Monsieur Hylte un grand merci ! »

MR HYLTE

Comme chaque matin, à 7 heures, **le réveil d'Adèle sonna**. Quand elle ouvrit les yeux, croyant sortir d'un rêve, elle tourna la tête et trouva, blottie contre son oreiller, **une petite Serpette** qui dormait dans les bras de Raymond.

116, rue de la Tour - 75016 Paris
www.vilo-groupe.com

Collection dirigée par
Serge Carpentier

Imprimé en Italie par
Papergraf

Dépôt légal : novembre 2012
ISBN : 978-2-7191-0958-8

Loi n° 49956 du 16 juillet 1949
sur les publications destinées à la jeunesse.